JN440272

우화당 시편

우화당 시편

윤정숙 시집

문학의전당

自序

시가 찾아올 때를 기다리는 동안 긴 시간이 지나갔다. 한 지붕 아래 들여놓은 시들의 표정이 좀 어색해 보인다.

자발적 소외를 기꺼워하며 '자연에 병이 깊어' 오래도록 말조차 잊고 지내다가, 조금씩 언어를 회복하여 쓴 최근의 시편들을 앞쪽에 놓았다.

지금은 회용의 때, 우화의 꿈을 위해 때를 맞춰 씨앗을 심는 농부의 심정으로 마음속에 시의 씨앗을 심는다. 진정한 사랑과 지혜의 회복을 위하여, 낮이 낮같고 밤이 밤 같은 자연성의 회복을 위하여, 텅 빈 시인의 곳간을 위하여, 고요 사육에 더욱 열중하는 일이 일상의 과제이다.

제 발로 찾아와 준 시가 이 시집 속에는 과연 몇 편이나 될까?

우화당에서
윤정숙

차례

1부 우화당 시편

2부 오래된 샘

3부 기억의 집을 가다

1부 · · · 우화당羽化堂 시편

산중신곡
-입문入門

우화당 조그만 편액 아래
반석 깔고 자리한 수조 속에
결가부좌로 앉은 연꽃 한 송이
안거에 든 수도승의 모습이네

그 옆에 노랑어리연꽃 두어 송이
가는 목줄기 곧게 돋우어
향기의 경문을 읽고 있네

열지 않아도 저절로 열리는
향기로 드는 문 하나
여기 있네.

산중신곡
–우화당 서가

고목이 다 된
한 그루 굴피나무
굴피 옆에 상수리나무
상수리 옆에 삼색병꽃나무
그 옆에 참싸리나무
참싸리 옆에 밤나무
밤나무 옆에 자귀나무
자귀 옆에 센달나무
센달 옆에 산돌배나무
산돌배 옆에 다릅나무
다릅 옆에 신나무
신나무 옆에 졸참나무
졸참 옆에 또 밤나무

책갈피 휙–휙– 넘기는
바람의
휘몰이.

산중신곡
–나에게 들키다

하늘 향해 길을 내던
가지들의 아픈 흔적
그 수많은 옹이들이
오늘 하루 온종일
이불 쓰고 누운 나를 응시하네

나는 결국, 들키고
뿌리째 뽑힌 그 식물에 대한
인간적 예의를 다하여
살을 베는 아픔으로
온 하루의 금식을 바치네

내 속 옹이 하나가
새 가지 하나를 뽑아 올려
솔바람소리 내는 잎 몇 개를
달아주네.

산중신곡
–봄, 새 맛

묵은 친구가 건네준 묵은 김치 통을 열자
팽팽한 봄기운이 소리보다도 빨리
온 방안을 확–적시며 천정높이로 퍼지네

봄의 전령이 여러 번 풍경치고 지나갔어도
무딘 코, 귀 쉽게 열리지 않더니
오랜 부부의 노을처럼 붉고 깊은
상 위의 한 접시 묵은 김치가 오늘
코끝을 찡–울리고 두 귀를 확 열어주네

봄이 이미 겨울 속에 스며있듯이
아마도 새 맛은
묵은 맛 속에 있네.

산중신곡
–봄바람

한 남자가 어제는
새벽잠을 털고 나가서는
갓 꽃물 오른 진달래 처녀
보쌈해 업고 왔더니

한 여자가 오늘은
벌건 대낮에
비스듬히 누운 물박달나무
그 꺼칠꺼칠한 등에 기대어
달콤한 그의 식곤증을
다 털어먹고는
숨찬 가슴 방망이질 치더니
소쩍새도 지친 밤 내내
물소리를 내며 봄꿈을 앓네.

산중신곡
–독한 희망

시골 친구가 보내준
왕대나무 죽순 삶으려고
반으로 쪼개보니 켜켜이
납작 눌린 노래, 노래들

한 번의 눈짓만으로
스르르 주름 풀려
키를 키우는 말의 층계

일어나 허공을 뚫고 치솟아
한 뭉치 구름이 되네
죽어서도 끝내 일어서는
독한 희망이 되네.

산중신곡
–어떤 궁금증

세상의 나무들 중 두릅은
결사의 춘투 한번 하지 않고
봄의 골짜기 어떻게 건너는지 궁금하네

이파리 한번 온전히 피우지 못하고
윙–윙– 울어보지도 못하는
전봇대가 되어 우두커니 서 있네
아니, 등신불이 된지 오래이네

올 봄도 벌써 몇 번을 혼절하고
그 생채기 온몸 가시 돋아
단애 허공을 자꾸 뛰어내리고 있네

저 뻐꾸기 밤새워 울어주지 않으면
이 가시의 봄날을 어찌 다 헤아릴까

노자 할아버지 밥상에
이 나물 올랐을까 궁금하네.

산중신곡
-어떤 동행

키 큰 졸참나무 옆에
나지막이 앉은 삼색병꽃나무 한 그루
온통 칡넝쿨로 감겨있네
영어囹圄도 양식인 듯
둥글게 몸을 말고 앉아
오래도록 참아온 간지럼의 생채기
삼색의 병꽃으로 다발다발 터뜨려 놓고
깊은 5월을 견디고 있네

요즘이야,
칡뿌리 탐하는 사람 많지 않아도
자칫하면 제 존재 송두리째
내줘야 하는 칡 입장에서는
붉은 자줏빛 꽃 피우는 그때까지는
가늘고 긴 물길을 잘 터놓아야만 하네
어딘가 기어올라 제 몸 의지할 허공 하나
꽉 붙들어 안고는 뒹굴며 간지럼 태우며
함께 엎어지는 수밖에
별 도리가 없는 것이네.

산중신곡
–수묵담채 · 여백

환하게 면사포를 드리우고
세상을 다 얻은 신부인 듯 다가서는
안개에 젖은 새벽 앞산
그 신부의 첫 입술인 듯
뜨락의 붉은 인동 한 송이

하늘 한쪽, 그 여백을 쪼던
오목눈이 한 마리
한 필 명주 두루마리를 풀며
경계 밖으로 날아가고
웨딩마치가
안개발을 하고 따라가네.

산중신곡
-는개

내가 눈 뜬 사이
산 하나 없네
내가 눈 뜬 사이
산 둘도 없네
산 셋은 저기 있지만
눈 깜짝할 사이
산 넷이 또 없네

몸속 무엇들이
다 빠져 나가네

있다,
없다가
없네.

산중신곡

―곡비哭婢

한 마리 개구리가
곡비처럼 울기 시작하자
수십 마리의 개구리가 와그르르 따라서 우네
불볕 아래 쓰러져간 굴참나무 한 그루를 울고
호미 날에 두 동강난 한 마리 지렁이를 울고
영문 모를 돌개바람에 날개 찢겨
흔적 없이 불려가버린 부전흰나비를 울고
산 속 마을 통째 삼켜버린
적막의 검은 미궁이 너무 깊고 무서워서 우네
깜깜한 가슴 한 아름 숯덩이를 안고
엎디어 참숯불처럼 붉게 우네

울음이 탈수록
불티처럼 반짝
별이 깨어나네.

산중신곡
–고요 사육

우엉 잎사귀를 삶는 무더위 속
연초록 작은 뱀 한 마리
풀잎의 깊은 잠을 지나
포개진 돌들이 서로를 견디는
이끼 낀 침묵의 경계를 지나
한낮의 고요를
온몸으로 더듬고 있네

저 연초록 고요 한 마리
코끼리를 삼킨 보아뱀처럼
통째, 나, 삼켜질 때까지
내 속 살찐 능구렁이로
키우고 싶네.

산중신곡

–제망매가

달맞이 꽃잎들이
떠나간 자리마다 남겨진
긴 대롱주머니 그 속의
까만 그리움의 씨알들
뒤척일 때마다
달빛 휘영청
활처럼 휘어지네

오늘 저 시월 상달로
활짝 핀 모습 하나
달빛 강물로 젖어 내리고
세월을 덮지 못한
가슴속 건천이
강물을 안고 둥글게
몸을 휘네.

산중신곡
–오래된 소외

근육질의 산다래 넝쿨들이
비탈을 견뎌온 돌무더기를 끌어안고
돌 속의 말들, 말 뒤의 침묵들
고요고요 들어주고 있네

다래 잎사귀가 된
수많은 연둣빛 말들
결국, 익어 다롱다롱
다래多來 열매로 맺히네

말랑말랑하고 달콤한
오래된 소외.

산중신곡
–어떤 상황

산국화 향기에 끌려
방안에 든 꿀벌 한 마리
내 어깨에 일침을 놓고는
날지 못하고 비틀거리네

나는 그의 적이 전혀 아니나
옷 속에 갇힌 순간 다급하여
햇살에 눈부신 뫼르소처럼
어이없이 방아쇠를 당긴 것일까?

침 쏘고 나면 죽고 만다는
어릴 적 들었던 말이 기억나
비틀거리는 그놈에게
자꾸만 눈이 가네.

산중신곡
—득음

이삭들이 다 떠나간 텅 빈 논바닥에
햇살이 고여 흥건한데
쓰름쓰름 조문도 석사가의* 쓰름쓰름
쓰르라미가 종일 쉬지 않고 우네

벙어리 냉가슴만으로는 견딜 수 없어
얇은 등허리를 다 펴서 서성이며
오래오래 가을 햇살을 업어주네

콩깍지 익어 터지듯
이 살찐 햇살에
아! 나의 말문이, 소리가
타닥타닥 터지면 좋겠네.

* 朝聞道 夕死可矣 : 아침에 도를 들으면 저녁에 죽어도 좋다(『논어』, 「이인」 편)

산중신곡
–하얀 절망

입동도 지난 배추밭머리
가을의 오랜 상심인 듯
고마리 작은 꽃들이 마르고 있네

보름달로 꽉 차오른 배추 속
그 비밀의 그림자만 흙 속에 묻어두고
배추들은 속수무책 어딘가로 떠났네

문득, 찬바람 한 자락 스치고
고마리 익은 꽃술을 쪼던
멧새 몇 마리 날아오르고
새 떼들의 날갯짓 따라
몸통 잃은 하얀 배추 뿌리 닮은
말씀 하나 허공에 흩어지네

"내년에는 나, 꼭,
양 로 원 갈 란 다."

산중신곡
-검불

척박한 담벼락 틈새에서
여름 한 철 일가를 이루었던
가는잎쑥 검불들 북풍을 견디네
유례 없는 혹한을 건너는 일
깊게 잠드는 일뿐이겠지만
잠들어라 잠들어라 하면서도 혹,
무덤처럼 일어나지 않을지도 몰라
땅속 뿌리를 흔들어 깨우기 위해
스스로 바람 불어 어둠을 쓸고 있네

이 적막한 산골마을
한겨울을 엎드린 사람의 검불
다시 온 봄바람이 몇 날을 흔들어도
오직 검불답게 엎디어
삭아가는 일뿐이네
검불 속 어린 쑥 같은 그리움
그리워하는 일뿐이네.

산중신곡
–생나무 회초리 뺨을 치다

눈 덮인 겨울 산
무덤 옆을 지나오며
누운 백골의 평안을 잠시 떠올리는데
소나무 야윈 가지 하나가
언 뺨을 매몰차게 치네

번쩍 정신이 들어 보니
눈밭에 선 나무들의 무릎들이
유리하늘보다 더욱
파랗게 드러나 얼어 있네
아직 한 번도
구부려보지 못한 그들의 무릎.

산중신곡
–우화당의 한때

백운산 한 자락에 붙어 앉은
목조 오두막 작은 뜨락에
제비꼬리나비 한 마리 허공을 놀고 있네

알의 때, 유충의 때, 번데기의 때를 지나
팔랑팔랑 가벼운 한때도 있다는 듯
맑고 가벼운 허공들이 깃 달고 날아오르고

이 기운이 세상 끝에 닿아
아– 태풍이 될지언정
제비꼬리나비의 무한자유
뒷없이 펄럭거리네

비온 뒤 오후 4시 옅은 햇살이 언뜻 비치니
이웃집 장닭이 시도 없이 때도 없이
무료한 겨드랑이 그 날개를 울고

두 귀가 마이동풍, 가벼워져
나비 날개보다 더 팔랑거리네.

산중신곡
–걱정, 쓸데없는

저절로 자란 인동줄기
매실나무 밑둥과 가지를 감아
껍질이 썩고 가지가 말라가네

흰꽃 노란꽃 한 줄기에 피어
금은화라 부르기도 하는 그 인동이
〈화목품제〉* 1등급 매화 가지를
그냥 무심히 감고 갔을 뿐인데

깊다면 깊은 산골 작은 뜨락에까지
자본의 종횡무진이 잠복이라도 한 듯
매화 쪽으로 열린 가슴 한 켠이
밤낮 없이 등불을 켜고 있네.

* 〈화목품제花木品題〉 : 유박(柳璞, 1730~1787)이 저술한 책. 정조 연간의 화훼전문가로 일정한 기준을 마련하여 꽃을 모두 아홉 등급으로 나누었다

산중신곡
-3월의 눈

오래된 약속인 듯
눈이 내리네
천지에 가득
하얀 병상을 펴 놓으시네

눈부신 오로라처럼
잠시 빛이었다가
저녁 어스름 내리듯
어둠 속에 빨려 들고 말
지상의 마지막 병상

누구인가
하염없는 눈발 속에서
병상 위의 언 발들을
돌보아 주고 있네

'책임의사 이상李箱' *읽까?

* 이상李箱의 시 「오감도 시제 4호」에서 인용

산중신곡
-사람 구경

노랑턱멧새 한 마리
목책 위에 앉아 오래 생각하더니
유리문 곁 나무의자 위로 날아와
좁쌀알갱이를 조심스레 쪼아 먹네
먹으면서도 머리깃을
쫑긋쫑긋 세우며
짧은 생각들을 쉬지 않네

차려 논 밥상이라고
분간 없이 먹어치우는
척추동물문 포유강 영장목에 걸린 체면
척추동물문 조류강 참새목인 멧새 한 마리가
조족지혈이라도 찾아보려는 듯
뚫어지게 방 안을 들여다보네
들여다보면서도 꽁지를
약 올리듯 간들간들
구름 덩이를 피워 올리네.

산중신곡
-산 속 작은마을

제 어미의
살과, 피를
그, 뼛속 죄까지를
갉아먹고
뜯어먹고
또, 다 털어먹은 새끼들이
소리 내지 않고
그림자 흔들지도 않고
총총히 빠져나간
껍질 그 허공주머니만 남은
한 마리
염낭거미.

산중신곡
−인동 줄기를 걷어내며

몸이,
꽉− 눌린 용수철이
우네
한 줄기 자르고 나면 어느새
저만큼 뻗어가 뿌리 내리는
아직은 젊은 네 꽃밭을
뻗어간 인동의 질긴 줄기
그 길고 어두운 터널 처연히
건너가고 있는 목숨 하나
정수리 납작 눌려 발등에 맞닿은
그 생명의 용수철 하나
암센터 주사실을 나오며
저 우주의 배꼽에 가 닿던
처음의 그 힘을 애써 기억해내며
가장 조그맣게 오그린 몸이
막장에 갇힌 광부처럼
부르르 떨며
우네.

2부 : 오래된 샘

오래된 샘
–삿갓 쓰고 누운 나그네 백자 연적

묵밭 속의 길은 언제나 젖어 있었다. 젖은 땅을 가는 무거운 쟁기질, 느닷없는 돌부리에 보습의 무딘 날은 번번이 달아났다. 갈수록 깊어지는 수렁, 허기의 긴 창자는 발목을 휘감고 무릎을 꺾어 앉혔다. 보습 끝에 부딪치던 흙 속의 사금파리들이 빈 하늘의 별이 되어 반짝이기도 했지만, 눈앞의 문자들을 모두 지워낸다는 것이, 길 위에서 모든 길을 지워버린다는 것이 명문백수 김삿갓인들 그리 쉬웠겠는가. 오래전 가슴 깊이 또아리 튼 긴 강이 있어 날렵한 혓바닥으로 강의 중심을 가끔, 가끔 불러내었던가 강의 은유를 익혔던가. 그가 이제, 시인이 다 되었다. 그림자를 접고 잠시 누운 그의 두 눈에 빈 하늘이 가득 고였다.

오래된 샘
–철사백자 복숭아 연적

그대 비록 무명의 도공이었으나 하늘 길 하나 열어놓고, 온몸 등요가마 오랜 불길로 타올랐던가. 꿈속「무릉도원도」활짝 핀 복사꽃밭인 양, 붉은 흙 한 줌 만나 극락인 양 그 느낌 꽃 핀 그대 근육 온몸이 열꽃이었다. 드디어 한 알, 수밀도 단물이 빈 이름 속에 가득 고였다.

오래된 샘
–코끼리모양 백자 연적

흰 코끼리가 길을 간다. 지상의 가장 환한 길, 자기만의 길, 그림자마저 버리고 간다. 가벼워진 발이 자꾸 허방을 짚어 눈앞이 아득하다. 수천수만 업의 뼈마디 살풀이로 풀어내던 그 군중 속, 퉁퉁 불은 밥알의 환호 툭툭 털고 빠져나와 마지막 뼈 묻을 자리 찾아간다. 색도 맛도 소리도 언어도 눈, 코, 귀, 이마를 모두 떠났으니 덩치 큰 몸이야 한낱 허깨비일 뿐이다. 한 뭉치 흰 구름일 뿐이다. 무게란 무게 모두 내려놓았으니 구름인들 이보다 더 가볍겠는가. 바람인들 또 이보다 더 거침없겠는가. 연잎같이 큰 귀를 펄럭이며 든든한 등허리 자랑스레 보현을 태우고 싶었던 한때의 꿈도 있었건만, 스쳐간 군중들이 모두 보현이었음을 가슴속 구름이 일러주었던가. 귀를 스치던 바람이 일러주었던가. 두 귀 바람에게 내어준 지 오래인데, 레퀴엠도 한낱 세속의 장식일 뿐. 세상 모롱이 돌 때마다 무쇠의 사지 꺾어 누르던 천근 하늘이 이제, 온통 흰 구름 밭이다. 발 밑 검은 땅마저도, 온 세상이 온통–.

오래된 샘
–철사청화백자 석류문 부채 연적

붉은 발이 날은다. 날 선 발끝에 쓰러지는 낮과 밤, 천지 허공에 무수히 찍힌 발자국이 칡덩굴로 자라 허공 기둥을 휘감아 오른다. 가슴속 울혈이 자줏빛 칡꽃으로 피면 깊은 뿌리에는 벌컥벌컥 단물이 고여 샘이 된다 젖줄이 된다.

마법에 걸린 그녀의 기도 눈부신 은촛대 위에서 긴 밤을 홀로 태울 때, 터뜨려라 터뜨려라 만국기 펄럭이는 운동장 아이들이 하늘 높이 콩주머니들을 던진다. 와르르 쏟아지는 뭇색동 조각들이 무지개 되어 아이들의 머리 위에 눈부시게 걸린다.

그녀의 수호천사들, 두 아들은 떠났다 봄바람의 기억으로. 부르튼 두 발이 가는 길 가야만 하는 길 온통 가시밭길인데, 가시는 보이지 않고 풀밭인 양 두 눈 멀어 붉은 광장을 논다. 유혈 낭자한 신명을 논다.

맨발의 이사도라, 못다 푼 몸의 말들이 허공에 등불을 켠다. 붉은 머플러, 붉은 울음으로 목에 걸려 한 그루 석류나무 가지마다 등불을 켠다. 오래된 샘, 스스로 제 몸 태우는 기름이 되어…

오래된 샘
-송화문 균열유 무릎 연적

세월 속에 눈 깊어진 오래된 샘이 노송 한 그루 먹여 살린다. 속 울컥이며 흘러온 길이 천만리 미끌미끌 꿈만 같은데, 동그랗게 빛나던 두 무릎은 안개처럼 삭아 균열이 낭자하다. 목말라! 목말라! 하면서도 제 먹여 살리는 샘의 적막을 지켜온 노송의 검은 살갗도 거북 등껍질로 변한 지 오래다. 그 세파의 흰 뼈마디 사이로 온 겨울을 스민 찬비가 노송의 마른 잠을 깨운 것인가. 뿌리는 샘의 깊은 눈을 깨우고, 샘은 또 봄바람을 불러 깨우고, 바람은 처진 노송의 팔을 흔들어 파랗게 멍든 손가락들을 깨우고, 그 끄트머리마다 불을 지피고 지피고… 드디어, 솔씨는 부풀어 남산 위에 저 소나무로 푸르디 검게 자란다.

그 옛날, 삼고초려한 현인이 있어 이 소나무 그늘 아래 잠시 머물러 샘 깊은 눈물을 보았던가. 꿈속인 양, 아픈 두 무릎 쉬고 앉았다.

먼, 불빛

칠흑의 어둠 속
먼 불빛 하나 주춤주춤 걸어와
썩지도 마르지도 않는
오래된 그리움의 우물 속
어둠의 깊이로 박혀 별이 되네
이승의 밤길 그 어둠을 걷어 줄
그리움이 키워온 옹근 달 하나
세상 두레박질에
손금 갈라지듯 길 따라 흩어지고
적막이 우물 깊이로 쌓여
마실수록 허기만 지는 양식이 되었더니
평생을 씨 뿌리며 시신 아버지, 당신의
세상 나이 그 사십의 중반에
목련 꽃잎 같은 사랑을 묻고
칠흑의 난간에 서서 분하게 우시던
아버지의 혼불 같은 저 먼, 불빛
몇 날을 머뭇대며 망설이더니
검은 흙 속에 알록달록한 씨앗들을 묻고는
머리끝까지 까맣게 어둠으로 차오른
오늘 같은 한밤을 기다렸다는 듯

내 속의 우물로 첨벙 뛰어들어
빛으로 반짝 몸 바꾸네.

입춘 전야

내일이면, 입춘
낡고 헐렁한 짐 하나 꾸려놓고
오랜 친구였던 그림자 하나 서성이네
너로 하여 엷은 방구들은 따뜻했고
박새, 딱새, 오목눈이 같은 텃새 이웃과
더욱 깊은 말 주고 받았네
너로 하여 다시
천수관음의 겨울 숲
그 스스로의 가난으로
늦은 밥상이나마 낮게 차렸네
마지막으로 보여준
키 큰 소나무들의 눈보리 한미당은
한 시대의 등불이었던 어느 선비의
서슬 시퍼런 문장을 다시 만나는
살 베인 영혼의 따뜻한 악수였네
입춘인지 대길인지가 문득 코앞인지라
꿈속인 듯 주인 잃은 객이 되어
짚신감발하고 길 나서는
텅 빈 그림자 하나
어둔 문밖에서 오래도록 서성이네.

시적詩的으로 말하기

캄보디아에서 한국으로 시집 온 첫 번째 여인과
그녀가 중매하여 세 번째로 시집 온 친구는
서로 동서지간이 되어 TV에 나왔다

만삭인 아랫동서를 위해 친구를 위해
산부인과 진찰을 함께하고 집으로 돌아오면서 그녀는
곧 보게 될 새 조카 옷 한 벌을 사서는
동서의 불룩한 배에다 대어보면서
"치수가 아주 잘 맞네!"라며 화면 가득 활짝 웃었다

촘촘한 흰 이가 보석처럼 빛나 보이고 순간,
이목구비 또렷한 시의 얼굴이 환하게 다가들었다.

오늘은 바람이 자네

오늘은 바람이 자네

그림자들 경계를 지키며
서로 엉키지 않고 조용하네

까치도 모처럼
제 뼈와 살의 무게로
제 집을 오르내리고

범나비 한 마리도
팔랑나비 한 마리도
오늘은, 바람 타지 않고
정직한 허공을 날아가네

지친 구름도 자귀나무도 개망초도
반짝이는 햇빛거울 앞에 앉아
오래 못 본 제 얼굴
마주보며 깊어가고

빛인 듯 번개인 듯 어느 한 생이

지나가버린 뒤의 적막

오늘은 바람이 오래 자네

세상의 머리카락들 흩날리지 않아
어쩌면, 제 모습들 알아채겠네.

나무야 미안하다
–수목장

어떤 나무가 말없이
나를 받아나 줄까?

못이 되어 박힌 뼛속 죄들이
사람의 불길 한 번에
다 태워질까마는
몇 줌 흰 재로 남은 육신
한 그루 어린 나무의 피가 된다면

수천수만 그리움의 손가락을 키워
제대로 바람을 그리워하고
제대로 햇빛도 그리워하고
별도 달도 비도 번개도 그리워하여
손으로 못다 쓴 영혼의 시
잎사귀마다 귀를 열어 받아쓰다가
또, 한 생을 오롯이 소신공양하여
어느 시인의 마지막 비목이 된다면

그러나, 나무야
너를 빌려 비목 하나 얻고 싶은

이 허망의 욕심
조금은, 미안하구나.

삭은니가 하는 말

때로는
검은 파도, 흰 너울을 뛰어넘으며
아득한 수평을 향해 굽이치는 삼치가 되어
때로는
끝도 없는 초원의 질긴 덤불을 헤치며
막막한 지평을 향해 내달리는 얼룩말이 되어
종횡무진 온 식탁을
우직한 황소처럼 밭 갈고 논 갈았건만
오늘일까?
내일일까?
지이잉– 지이잉–
졸인 가슴이 우는 것인지
두 귀가 우는 것인지
'앓던 이 빠진 듯 시원하다' 며
미련 없이 속절없이 내던져지고 말
그날이 지잉지잉 신경줄을 운다
이제는 뼛속까지 시린 노역을 접고
기약 없는 또 다른 길을 건너가는 것이다

요즘 가끔 만나는

시골집 감나무 위의 금슬 좋은 까치 부부가
내 목숨의 길목을 잘 지켜준다면
참, 좋으련만-.

낙산사에서

화염이 난장치고 간 낙산사에 와서
세상 나고 나, 처음으로 기와 한 장 얹는다

가족들의 평안과
혼기 찬 딸아이의 좋은 인연과
멀리 타국 유학 간 막내의 꿈을 빈다

세속의 소원도 쌓으면 탑이 될까
기왓장에 쓴 하얀 글자들이
돌아서는 길 코앞에서
분분설 낙화로 진다

사람의 일이야 한갓
그가 소원 빌어 얻은 꿈속 40년*
그 허망의 세월을
그 죄의 그림자를
탑 쌓고 탑 허무는 일이지만

끊임없이 기왓장은 쌓이고
원통보전 불 탄 그 자리

흰 재로 엎드린 무릎 그 둥근 뼈들이
양양 어깨 겯고 오봉산으로 일어선다
의상의 화엄으로
원효의 화엄으로
불의 상처 속에서 일어나 탑이 된다.

* 강릉 태수의 딸을 사모한 조신은 관음보살님께 소원을 빌어 그녀와 혼인하여 40년을 살았으나 그 세월은 한갓 꿈이었다. 꿈에서 깬 후 그는 견성하였다. (『삼국유사』)

E-mail이 당도하다
–달구경 모임

푸른 벼이삭 곧추서는 오늘은 입추
달구경 함께하자는 이메일이
산골 마을 이곳까지 당도하다

'희미한 옛사랑의 그림자' 어린
다 지나가버린 길이 아니라
연연한 그리움들이 함께 밟고 가는
이승의 오솔길 되어 흘러들다

은비늘 일으키는 그곳 바다 위의 달이
눈 속에 떠서 마음속으로 지면
푸른 는개 흐르는 이곳 산 속의 달도
그렇게 떠서 그렇게 지는 것

아침 꽃을 하마 저녁에 주워야 하는
아무리 텅 빈 세상이라 해도
이메일은 마음보다 먼저 도착하고
달은 또 그렇게 떠서 그렇게 지다.

어느 가을, 맨발의 사이보그

가로수의 시든 잎조차 모두 떨군 가을은 기진하여 길 위에 엎어졌다. 붉은 신호등이 연거푸 발목을 붙들어 그는 엎어진 가을을 보았다. 그리고, 작은 소녀가 바비인형을 안고 그 가을 위를 건너가는 것도 보았다.그때 갑자기 그가 울기 시작했다. 조금 전 갈아 끼운 불량 감정 칩 때문인가, 39-19-33, 포장비닐 속 곱게 누운 기형적 바비가 심중을 자극했음인가. 자기 속에 내장된 모든 내장을 풀어내듯 검은 눈물이 쇠구슬이 되어 굴러 떨어졌다. 망가진 그의 진화프로그램이다. 일찍이 그의 조상은 반인반수, 드디어 발끝까지 모두 망가진 맨발의 사이보그, 뚜벅뚜벅 조상의 땅 그 신화 속으로 걸어 들어갔다. 엎어졌던 가을마저 일어나 전설 속으로 사라졌다.

늦은 가을을 읽다

산 속 마을 작은 분교의 운동장을 그림자로 지켜온 느티나무 한 그루 올해도 말없이 찾아온 육탈의 때, 그 서늘한 다비의 불꽃 서서히 삭히고 있다. '나를 키운 건 팔 할이 바람이다' 라고 한 어느 시인의 말씀 좇아 한때는 그도 바람의 손에 끌려 천지사방 떠돌고 싶었을까. 지금은 무심으로 가득 찬 그의 가슴이, 지금은 형체조차 문드러진 두 귀를 단속했으리 애간장 다 녹이며, 세속의 허튼소리에 잠깐도 귀 열게 놔두진 않았으리. 수십 수레의 죽간을 제 몸처럼 쌓아놓고 타닥타닥 꽃불 태운 이순耳順의 이 가을, 결가부좌의 무릎을 수북이 덮은 잿더미 속 마지막 뼈의 상형문 하얀 그림자로 새기고 있다.

그 해의 가을

'가 – 얼' 이라고 소리 내어본다
우수수수…사전 속의 언어들이 쏟아져
어딘가로 떠내려간다

고호의 노란 캔버스가 떠내려가고
나혜석의 야윈 손, 발이 떠내려가고
새끼다슬기들의 하얀 가을가뭄이 떠내려가고

'을 – 굴' 이라고 소리 내어본다
얼굴에 저당 잡혔던 진짜 얼굴이
호명을 들은 듯 실눈을 슬금 뜬다

처마 끝 실굿이 허공을 기댄 모습과
카프카의 손톱을 물어뜯는 장수풍뎅이 한 마리와
타닥타닥 앞마당의 콩깍지 터지는
한낮의 가을 볕살과
아버지 동맥경화의 핏줄 마르는
ㅊ, ㅋ, ㅌ, ㅍ…몇 개의 이미지로
이 가을을 버 틴 다.

배롱나무와 하나 되기

지금은 배롱나무의 때
짙붉은 배롱나무 꽃가지 아래 서서
너를, 너의 때를 기다리네

벽오동 연황색 꽃등 아래서
자귀나무 연분홍 꽃등 아래서
천지에 개망초 만발하여
눈 내린 듯 달빛 내린 듯
그 안개 꽃밭 속에서 흔들리며
세속적으로, 세속적으로
그들이 말 걸어오길 기다렸네
손 흔들지도 않고
그들은, 그 때들은 가버렸네

배롱나무, 너를 만나
가슴속 허파 꽈리들 자꾸 부풀어
배롱나무 꽃송이들처럼
핏빛 붉게 부풀어 터져도
그 수천수만 꽃등 아래에 서서
또, 한 백일쯤 기다릴 것이네

두 그림자 경계를 지우는

그, 때를-.

낚시수첩
―놓친 고기는 크다

심해 속 유전의 짧은 불길같이
거친 입질로 휙
스치고 사라진…

그러나, 그때 내 옆에는
뜰채가 없었다

살면서
항상
없었다.

낚시수첩
-엉킨 줄을 풀다

순식간에 낚싯줄이
스크린 속 3류 인생처럼 뒤엉켜

잘라버리면
순간에 끝나겠지만

잘 보면 엉킴도
그 깊은 속 생명의 소용돌이,
사랑의 소용돌이 돌고 있지

반나절이 지나도
아니, 아니
하루해가 다 빠져도
풀건 풀어야 하지 다시 던지려면.

낚시수첩

–손맛

팥알만큼 뭉친 딸기향 그루텐, 그 아찔한 유혹을 낚시 바늘에 매단다 마음속 물살 거스르며 우루루 우루루 몰려다니던 붕어 떼들, 그 지느러미에 할퀸 하얀 상처들이 파닥이며 올라오고 머릿속 온통 헝클어놓던 수초더미 그 머리칼들의 검은 술렁임과 침묵 속의 음모들이 퍼덕이며 올라온다 그해의 지독한 가뭄, 끝에 졸아든 농약 찌꺼기 그 독소로 까맣게 타버린 내장의 갈증에 자꾸만 말려들던 혓바닥이 손맛으로 선연히 살아난다 한평생 99번 볼트를 조이며 살아오신 아버지, 당신들의 손맛에 차마 비할 수야 없지만, 어둔 초록 또는 갈색의 상처 깊게 감춘 연둣빛 새싹의 손맛, 낚싯대 끝에서 퍼득퍼득 살아난다.

낚시수첩
–사봉지* 삼매에 들다

산 꿩이 제 울음소리에 놀라 푸드덕 자리를 옮긴다 빛의 고요, 바람의 고요, 날 선 고요의 푸른 칼날에 소리란 소리 모두 쓰러진 뒤 소나무 한 그루 제 모습 그대로 물속에 거꾸로 선다 까치집을 매단 미루나무 한 그루도 제 모습 그대로 물속에 거꾸로 선다 교목들, 관목들, 잡풀들이 모두 어깨를 나란히하여 명상에 들고 세상의 모든 손맛들, 순간의 향기에 끌려 자취 없이 사라진 지 오래일 때 수심水深을 버린 사봉지, 드디어 깊은 삼매三昧에 든다 오욕五慾의 그루터기 그 위에 수미산須彌山 하나 우뚝 솟아오른다.

* 사봉지 : 진주시 사봉면 부계리에 있는 못

3부 : 기억의 집을 가다

기억의 집을 가다
–몬드리앙에의 헌사

그 기억의 집에는
가장 야문 선線의 뼈와
가장 아픈 색色의 살이 산다
그들은 아직도 생생히 기억한다
그들의 어깨가 정확히 만났던 그때를
그리고 함께 만들었던 수많은 방
그 사각四角의 방을 가득 채웠던
뭍 생명의 색깔을 기억한다
수백 년의 세월을 옷 입혀온
온갖 이름의 장식을 벗겨내고
그 그늘 아래 편히 숨쉬어온
분홍빛 살점들을 모두 훑어 내리고
앙상한 원시의 뼈 하나와
그 뼈를 세우는 살 하나가
혼자이면서 함께 산다
색채들의 기억 가득한 집에서.

봄날이 가는 이유 1

봉분이 솟지 않는 곳이 어디랴 이곳, 외나로도 한적한 섬 길섶에도 나란히 봉분들이 솟아 있다 이승도 저승도 선악도 부귀도 봉분 속에 들면 모든 게 나란하다

꽃이 피고 꽃이 지고 봄날은 가고, 이른 봄볕 불러들여 봉분은 만삭이다 봄날이 가더라도 그냥 가겠느냐 부푼 배를 안고, 육체는 악이었으나 그 에로스는 꽃이려니……꽃이려니……

꽃이 핀 한 봉분이 이유처럼 몸을 연다 이 땅의 큰 시인 그 생애를 지탱해온 화사 같은 신화 같은 지팡이 하나 보여준다

꽃이 진 또 다른 봉분도 이유처럼 몸을 열어 청록산수, 바보산수 그 생애를 신고 왔던 큰 화가의 붉은 양말 한 켤레 두 손으로 높이 들고 흔든다 타는 저녁놀 붉게 흔든다

봉분이 솟지 않는 곳 어디랴, 나날이 봉분은 솟아오르고 만삭으로 부풀고 봄날은 간다 무지한 길손 가는 봄을 자꾸 불러세우고 섬 아이들은 자라서 자꾸 육지로 간다.

봄날이 가는 이유 2

세월의 더께 앉아 찌든 견장들이 잘 길들여진 어깨를 미끄러져 떠난다 그냥 그곳에 있어야 할 것들이 그 무엇들이 하나도 없다 텅 빈 객석이다

세상과 세상의 견고한 어깨, 우리와 우리와의 다정한 어깨, 너와 나와의 뜨거운 어깨 사이를 버티어 온 피멍든 발톱들의 흔적 또는 삭연한 눈밭을 깊게 걸어온 발자국들이 모두 지워지고 녹아진들 그 시린 아픔조차 사라지겠느냐 텅 빈 화면처럼

또, 봄이 와서 백화제방한데 3월의 연초록 이마로부터 시작된 어질머리 자꾸만 긴 머리채를 흔들고 낙화의 머리카락들 발목에 감기고 아~~~ 봄날은 간다 우리를 위하여

저만치 봄날은 간다 춘투에 밥 말아먹고 발목 잡힌 우리는 남고 남겨지고 4월이 다 지기 전에 봄날은 가도 우리는 자취 없이 사라진 눈 속의 그 발자국을 되살려내야 한다 한 그릇 따뜻한 밥이거나 국이거나 아니면 그 무엇으로나……

봄, 환경미화

검은 사각 액자 속에 갇혀있던
광마 한 마리 오늘 방목시킨다
오래도록 참아왔던 방목이다

맞은편 벽에 걸린
폴록*의 그림 속으로 수시로 뛰어들던 그 광마
이젠 울짱을 넘어 푸른 초원을 내달린다
그림 속 한 사내의 푸른 영혼도 함께–

"그래, 오래도록 내통한 너희들 이제,
들불, 산불, 등신불이 되어 봄을 태우거라."

액자의 무게로 버티어온 두 벽이 다닥다닥
봄 햇살 속에서 그 관절들을 꺾어내리고
평안의 보료 위에 길게 포개어지고

떼어낸 액자 대신
벽을 허무는 수묵담채화 안개 속에서
계림의 산봉우리들이 불쑥불쑥
낙타의 육봉이 되어 솟는다 여름 쪽으로–.

* 폴록(Pollock, Jackson 1912~56) : 추상표현주의 미국 화가. 액션페인팅의 제 일인자로서 현대 미술에 획기적 업적을 남김

꽃피는 거북

피뢰침의 오감으로 날 세운 창들이
그 부리를 수없이 부러뜨려도
결코 금가지 않은 방패 하나 있다

그 완강한 자폐의 등허리는
바닷가재의 속살 같은 가슴 하나 감추고
소리란 소리 하나도 듣지 않고
형체란 형체 하나도 보지 않고
모가지 한번 길게 밖으로 빼지 않는다
아니, 그 가슴속 깊이
삼라만상을 가득 감추고는
끔벅끔벅 두 눈만 껌벅인다

자폐의 등허리를 넘나들며
밀물과 썰물이 수없이 자리를 바꾸다가
어느 땐가 한순간 뒤엉키어 나뒹굴 때
하늘과 바다도 후다닥 뒤바뀌고
해파리의 투명한 자유보다도 가벼이
흰 배와 사지는 너풀너풀 허공에 풀려
어화둥둥 버둥버둥

가장 푸른 원시를 논다

혼돈의 춤 한 판 끝나면
한여름 된 가뭄의 논바닥으로 쩍- 쩍-
견고한 등허리는 갈라터지고
그 사이사이 만상이 솟는다
솟아올라 활짝- 꽃 피어난다

불을 놓아라
-야스나야 팔랴나* 가는 길

불을 놓아라
저 꿈꾸는 자작나무숲에 불을 놓아라
톨스토이, 그 푸른 영혼으로 타고 싶어
자작나무 흰 뼈 되어 서고 싶어 불을 놓아라

불을 놓아라
저 잠자는 풀꽃 들판에다 불을 놓아라
톨스토이, 그 아픈 영혼으로 타고 싶어
풀꽃 덤불 위에 끝없이 뒹굴고 싶어 불을 놓아라

그대의 청원淸原으로 초대 받은 길
죽음도 살아있음도 경계 없어라
풍경처럼 우리 삶은 순간에 달아나도
더디게 더디게 뮤즈는 당도하리니
백야를 서성이는 푸른 영혼이 되어
천지사방에 자꾸만 불을 지른다.

* 야스나야 팔랴나 : 톨스토이(Tolstoi, Levnikolaevich 1828~1910)의 출생지. 기념박물관과 묘지가 있는 곳

개화

물결을 거슬러 오르며
연어 떼가 간다
물살은 점점 차고 거칠어져
충혈된 두 눈을 찌르고
열꽃 돋은 살갗을 마구 할퀸다
마적魔笛에 취한 듯 마음은
저만치 물풀들을 먼저 흔들고
시작의 강줄기를 손끝으로 더듬는다
어깨 겯고 함께 내려왔던
그때의 강물은 돌아오지 않고
허리 칭칭 감기던 그 울음의 기억만이
얼룩진 지친 몸을 이끈다
곤두박질쳐 거슬러온 타향의 물길이
고향의 강변에 조용히 이끌리어
그 해진 부리에 닿았을 때
한 생명의 문 활짝 열리어
연어는 마침내 몸을 푼다
뜨겁게 화해한다.

갑자기 만난 풍경

낯익은 네거리 한낮의 헐렁함 속을 풍경 하나 갑자기 뛰쳐나와 수정체에 찰칵, 박힌다. 깊고 오랜 우물을 휑—하니 두레박질하는 풍경, 순간 뜨거운 기운이 뭉클 가슴에서 뻗쳐 두 눈이 흐려진다. 내 무의식이 브레이크를 꽉, 밟았을 때 풍경은 바리케이트가 된다. 종종 어깨 겯고 하얀 이마 맞대고 반가부좌로 앉아있는 그들—〈추억사진관〉 옆의 〈희망아동복집〉 그 옆의 한 집 건너 〈오뚜기철물점〉 등—의 결사는 눈물샘을 뒤집고, 심근을 경색시키고, 사람의 이름으로…… 사람의 이름으로…… 나는 결국 유턴하여 회상하리라 오래도록 그 눈물겨운 생존의 바리케이트를. 한 컷의 풍경 저 너머로 보이는 희뿌연 길 안개 자욱한 신작로를 한 사내가 걷고 있다 잭슨폴록 같은 사내.

매운맛 보다, 보고 싶다

시작은 느긋했다 회심의 미소를 지으며 이 충무공의 학익진 鶴翼陣을 떠올렸다. 친숙한 알약들과 민간요법을 동시 사용하여 그 왜구 같은 시드니 변종 바이러스들을 수장시키는 것 그러나 그들은 호락호락하지 않았다. 한 사흘은 온몸이 불바다 되어 그래- 진부한 표현 그대로 "용광로처럼" 끓었다. 관절들은 다닥다닥 흰 빛을 내며 타고 기침할 때마다 심장은 허공에 흩어졌다. 아- 그 면역되지 않는 천적의 사랑이여-

이제는 한풀 꺾였다 견딜만하다. 평정을 되찾은 5척 반 육신이 가라앉을 대로 가라앉아서 습관성 음모를 또 꾸며본다. 턱에까지 아니 정수리까지 탁 치받는 그런 독감 같은 존재의 증거 천 년의 질긴 사랑 같은 시詩의 바이러스 그 변종균의 매운맛을 보고 싶은-.

언어는 두 번 다시 악수해주지 않는다

내가 나에게 말했습니다
'새 보러 가자!' *
내가 나에게 말했습니다
'새 보러 가자!'

어느 문예지에 실린 시를 읽다가
나도 모르게 하—
신음인지 한숨인지를 토합니다
그리고 그 숨끼가 사라지기도 전에
시인과 시인 사이에 놓인
언어의 성벽을 봅니다
허물어져 그리 높진 않지만
귀 맞춘 초석으로 쌓아 올린 고성古城
그 유구한 시간의 이끼를 봅니다 그리고
〈일요스페셜〉로 방영된 〈거리의 수행자〉
그 영혼의 실루엣이 새 되어 날아오릅니다

새 보러 가야지! 새 보러 가야지! 하고
가슴속 휘몰아치던 되새들의 비상
그 은빛 이미지들의 죽음을 뒤늦게 추모해본들

언어는 두 번 다시 악수해주지 않습니다

오늘 만난 한 줄의 시와 그 행간이 마침내
오래된 화보 사진 한 장을 떼어 냅니다
메모판에 압정으로 납작 눌려 표본이 된
되새들의 떼춤 그 은유의 마른 날개들을 지웁니다.

* 고진하의 시 「새 보러 가자」에서 인용

사람은 죽으면 색깔을 남긴다?

시력이 점점 나빠지면서
세상의 뭍 색채들이 더욱 선명해져
도깨비 불춤을 추며 살아난다
개성시대 감성시대 환상시대인데 아무렴
색깔 하나쯤 지니지 않으면 사는 게 아니지
너도나도 한 색깔, 꿈도 천연색으로만 꿀까?
〈호랑이는 죽어서 가죽을 남기고
사람은 죽어서 색깔을 남긴다!〉
오라! 그래서 관속에 들어갈 때는
색이란 색은 모두 벗고 하얀 옷 입는구나
색깔도 버리고 성깔도 버리고
그래도 죽음 앞에선 담백해야지
〈백의의 천사〉라는 말도 있잖나
또 먼먼 옛날부터 불러온 이름
〈백의민족〉이란 애칭도 있잖나
한여름 뙤약볕 아래서 빛으로 일어서던
저 서슬 푸르게 일어서던 백색의 자존
우리 속에 있잖나 색깔 중의 색깔이
순진하고도 무구한 우리만의 색깔
죽음의 문 앞까지 가지 않아도

우리 삶을 조용히 굽이쳐 줄 색깔 하나
내 속의 색깔 하나는 필요할 테지
도깨비 불춤처럼 환상적이진 않아도
꼭 나다운 색깔 하나는 필요할 테지 그럼.

독백, 텅 빈 서랍

10년 체증이 확 뚫렸다
이제, 꿈같이 텅 빈 내가 되었다
속 빈 대나무로 나를 세워준
새 꿈도 푸른 하늘 높이 펄럭이게 해준
늙은 주인에게 빈 이마 조아린다
묵은 주인은 아니지만
속 다 털어냈으니 어떠랴

멀리 간 내 젊은 주인이 돌아오면
말해주자, 온몸으로 보여주자
희망은 제일 밑바닥에 눌려 있다가
제 그림자를 꽉, 꽉 밟고 솟아오른다고
텅 —
텅 —
텅 —
빈 몸으로도
탱탱한 꿈을 꿈꿀 수 있다고
새 물에 헹군 새 꿈 같은 것도 이젠
검은 뱃속 채우듯 꽉 채우진 말라고
오래만에 만나는 주인이지만

속 다 털어냈으니 어떠랴
허심탄회 비운 마음인데 어떠랴.

제 8요일의 찻집

그곳으로 드는 길목에는
뿌리 깊은 큰 바위 하나 있고
그 속엔 보현이 겁을 깔고 좌선 중이다
그곳의 색깔은 쪽빛 또는 황토빛
기억의 강줄기 집 주위를 맴돌고
결국, 댓돌에 오른 두 발 아래서 소용돌이친다
죽순으로 솟는 사유의 마디를 위해
천정은 높은 고요로 가득하다
그곳의 심장인 견고한 쇠난로는
붉은, 푸른 혓바닥으로 갈래갈래 타오른다
천 년의 세월을 지나 그곳에 닿은
느린 음표들의 섬세한 손가락이
세속의 뾰족한 귀를 둥글게 다듬는 곳
기억도 없이 잃어버린 우리의 분실물들이
소중한 연장이었던 그 무엇들이
가지런히 선반 위에 앉아
우리의 호명을 사무치게 기다리는 곳
오늘도, 무릉도원*은
무릉산 원강변이 아닌 초산 기슭에서
작은 못 발치에 앉히고 명상 중이다

물속 제 그림자 깊이 잠길 때까지.

* 무릉도원 : 경남 양산시 하북면에 위치한 전통찻집

님아

–명상을 위해 먼 길 떠나신

차디찬 하얀 샘물 한 바가지
내 정수리에 퍼부어주고 떠나신

한 잎 낭랑한 풍경이 되어
제 몸 저 허공에 매다신 님아

50여 년 세월의 자취 모두 거두어
일엽편주 저 푸른 바다에 띄우신

지금은 어느 깊은 명상의 골짜기
비옥한 허공의 밭 갈고 계실 님아

떨구어 논 한 포기 난초로 남아
그 체취 한 줄 향기로 피고 있는 님아.

● 해설 ●

자연애로 구현해 가는 우화羽化의 꿈

이몽희(시인)

1. 우화를 꿈꾸는 시인

윤정숙 시인은 오늘까지 시작 활동을 해 오는 과정에서, 내면의 소리에 귀 기울이기도 하고 멀고 가까운 세상사와 그 심층에 잠복한 문제들에 관심을 보이기도 하면서, 지성과 서정을 축으로 하여 상당한 진폭의 변화를 겪어 온 시인이다. 내가 본 시인 윤정숙은 단아하고 조용하며 이름 그대로 정숙하고 깔끔하다. 그런 가운데 지적인 단호함과 흔들리지 않는 굳셈도 가지고 있다. 이런 품성은 그의 시에도 그대로 반영되어 사람과 시가 하나 되는 좋은 본보기가 되지 않을까 싶다.

최근 몇 년 사이에 윤 시인에게는 남동생과 사별하고 자녀가 병고에 시달리는 등의 큰 아픔들이 있었다. 어린 나이에 어머니를 여의고 그 아픔을 오늘까지 가슴에 묻은 채 살아왔을 윤 시인의 연이어 당하는 이런 시련의 깊이는 본인이 아니고서는 헤아릴 수 없을 것이다. 이 아픔들이 윤 시인의 시세계에 상당한 변화를 가져온 고비가 되었을 것으로도 짐작이 된다. 그럼에도 불구하고 윤 시인은 의연하게 그 아픔들을 삭이고 내면화하여 자기 몫의 삶으로 잘 수용하는 것 같다. 부지런한 시작 활동과 대학에서의 시 창작 강의 등 활발한 문학 활동을 멈춤 없이 이어 오고 있다.

윤정숙 시인은 몇 년 전에 풍광이 아름다운 경주 부근의 어느 산자락에 아담한 집을 하나 마련하면서 그의 삶과 시에 큰 변화가 온 것으로 보인다. 한때의 위안이나 구경거리로 자연을 대하는 세속적인 차원에서 벗어나 자연을 진정 사랑함으로써 자연을 알고 자연과 하나가 되어 거기서 평화와 구원을 체험하는 경지에 이르지 않았나 싶다.

이런 그의 변화는 우화당羽化堂이라 제題한 그 집의 당호가 잘 상징하고 있다. 우화羽化란 번데기가 날개가 돋아 나비가 되는 것, 사람이 하늘로 날아올라 신선이 되는 것이다. 윤 시인은 그 산에 들어가면서 그의 정신과 시에 날개가 돋아 높은 경지로 비상하고자 하는 꿈을 품었을 것이다. 시집 이름을 '우화당 시편'으로 정한 시인의 의도도 그렇고 시집에 실린 시들에도 영혼과 정신, 그리고 시의 우화를 바라는 시인의 간절한 열망이 담겨 있어 나는 윤정숙 시인의 이번 시집의 시들을 우화를 지향하는 꿈이라는 관점에서 이해하고자 한다.

2. 자연의 이름 부르기와 하나 되기

윤정숙 시인의 자연에 대한 사랑은 이름 부르기로 시작된다. 이름을 부르는 것은 관심과 애정의 구체적인 표현이다. 상대방과 어떤 관계를 맺는 첫 걸음이기도 하다.

이름을 부르기 위해서는 먼저 이름을 알아야 한다. 이름을 모르면 만남이 이루어질 수가 없다. 시인은 이 시집의 시들에서 자연과의 좋은 만남을 위하여 시에 등장하는 모든 식물과 새와 곤충의 이름을 제대로 알고 바르게 부르고 있다.

고목이 다 된
한 그루 굴피나무
굴피 옆에 상수리나무
상수리 옆에 삼색병꽃나무
그 옆에 참싸리나무
참싸리 옆에 밤나무
밤나무 옆에 자귀나무
자귀 옆에 센달나무
센달 옆에 산돌배나무
산돌배 옆에 다릅나무
다릅 옆에 신나무
신나무 옆에 졸참나무
졸참 옆에 또 밤나무

책갈피 휙-휙- 넘기는
바람의
휘몰이

―「산중신곡―우화당 서가」 전문

이 시에서 시인이 부르고 있는 나무들은 처음 만났던 그때의 그 나무가 아니다. 이 시 속에 서 있는 나무들이 시인에게 어떤 의미를 갖는 나무인가를 알아보기 위하여 먼저 이 시를 이루기까지 변화되어 간 시인의 시선의 깊이와 마음의 흐름을 몇 단계로 나누어 따라가 보자.

(1) 육안으로 보는 나무들의 무질서한 군집의 모습, 각각의 나무들은 서로 무관한 타자로 서 있다. 질서 이전의 혼돈의 모습을 본다.

(2) 무위의 집합에서 유위의 질서와 조화를 본다. 무질서 속의 질서, 부조화 속의 조화, 그것은 시인이 발견한 세계의 새로운 모습이며, 하나의 신비이고 아름다움이다.

(3) 시인이 나무들 속에 나무와 함께 선다. 시인에게 이제 나무는 나무만이 아니고 숲 또한 숲만이 아니다. 그것은 진리를 담고 있는 책이고 서가이다. 시인은 그 신비의 문을 열고 보이지 않는 그 세계로 들어가고자 한다. 그래서 이번에는 바람이 되어 휙휙 책갈피를 넘긴다.

시인은 그 내면으로 들어가 자연과 하나 되는 체험을 한다. 이때 시인은 현상계 저 너머 영원하고 초월적인 세계의 질서와 원리라는 아득한 어떤 광원 같은 것에 시선이

닿을 것이다. 거기에는 무위의 질서, 공의 질서가 영겁의 시간을 거느리고 존재하고 있다. 이 단계에서 모든 나무들은 자타의 분별을 떠나 원융무애한 하나의 세계를 이룬다.

(4) 다시 현상계로 돌아와 육안으로 보는 나무, 그 나무는 처음에 본 그 나무가 아니다. 눈에 보이는 시간 속의 것과 눈으로 볼 수 없는 영원한 것을 함께 아우르고 있는 나무와 숲이다. 시인은 이 시 속에서 그런 나무들을 부르고 있는 것이다. 그러므로 이 시 속의 굴피나무 상수리나무 삼색병꽃나무들은 처음의 이름이 아니다. 그냥 상수리나무가 아니라 굴피나무와 삼색병꽃나무 사이에 서서 그들과 함께 하나의 세계를 만들고 있는 상수리나무다. 여기에는 존재들 사이의 깊고 오묘한 원리와 신비가 있다.

'내가 그의 이름을 불러 주기 전에는/그는 다만 하나의 몸짓에 지나지 않았다.' 김춘수 시인의 이 시에서 '그'는 '내'가 이름을 불러주기 전에도 그 이름을 가지고 있었다. 그렇지만 나에게로 와서 꽃이 된 이후의 '그'의 이름은 '몸짓'이었을 때의 낡은 이름이 아니라 나에게 의미 있는 존재로 새로 태어난 이름이다. 마찬가지로 이 시 속의 자귀나무 센달나무는 시인과 새로운 관계를 맺는 새 나무의 이름이다.

이 시에서 시인이 연속적으로 또 반복해서 나무들의 이름을 부르는 것에는 타자의 세계로 들어가고자 하는 주술로서의 의미가 있다. 모든 주술의 첫 단계는 대상의 이름을 알고 그것을 바르게 부르는 것이다. 무속이나 신화에서도 신은 그의 이름을 바르게 부르는 사람 앞에 출현하고 그의 뜻을 받아들인다. 이름을 모를 때 모든 존재는 영원한 타자로 남는다. 이름을 알고 부르면 그가 내게로 오고 그에게로 가는 문이 열린다.

이 시를 읽으면서 시인이 나무의 이름들을 바르게 알고자 애썼던 그 관심과 과정을 실감하는 독자에게 이 시는 그의 비밀을 말해 줄 것이다. 그리고 그 비밀의 맨 밑바닥에 숨겨진 것은 아마도 그 나무들에 대한 시인의 남다른 사랑이 아니었을까. 사람의 나무에 대한 사랑이 아니라 나무의 나무에 대한 사랑, 나무들끼리의 사랑으로 심화된 사랑 말이다.

배롱나무, 너를 만나
가슴속 허파꽈리들 자꾸 부풀어
배롱나무 꽃송이들처럼
핏빛 붉게 부풀어 터져도
그 수천수만 꽃등 아래에 서서
또, 한 백일쯤 기나릴 것이네
두 그림자 경계를 지우는
그, 때를—

—「배롱나무와 하나 되기」 부분

좋아하는 배롱나무 앞에 서서 한 백일쯤 기다리며 그의 이름을 부른다. 그것은 시적 화자와 배롱나무가 경계를 허물고 하나가 되기 위한 과정이요 행동이다. 백일이 다 지나 배롱나무 꽃이 질 때쯤 되면 배롱나무는 그를 받아들이고 나무와 사람이 하나가 될 것이다.

이 시집의 많은 시 속에서 나무와 풀, 새와 나비들 앞에 서서 그들의 이름을 애정 어린 목소리로 부르는 시인의 음성을 들을 수 있다. 그들도 시인에 의하여 다시 태어났지만 시인 또한 그들에 의하여 다시 태어나는 감동적인 체험을 하고 있을 것이다.

우엉 잎사귀를 삶는 무더위 속
연초록 작은 뱀 한 마리
풀잎의 깊은 잠을 지나
포개진 돌들이 서로를 견디는
이끼 낀 침묵의 경계를 지나
한낮의 고요를
온몸으로 더듬고 있네

저 연초록 고요 한 마리
코끼리를 삼킨 보아뱀처럼
통째, 나, 삼켜질 때까지
내 속 살찐 능구렁이로
키우고 싶네.

—「산중신곡—고요 사육」 전문

시인이 추구하고 있는 경지의 한 경계가 보이고 그 경계 너머에 자리 잡고 있는 바닥 없는 세계, 무심과 정적과, 모든 것이 의미와 움직임을 버리고 하나 되는 그 세계가 보이는 시다.

시 전체가 만드는 공간은 침묵, 그 침묵 속에 움직이는 한 마리 뱀의 동선動線까지도 역시 흐르는 침묵이다. 잘 짜여진 이런 정적을 바라보는 시적 화자는 자신의 미세한 욕망의 움직임 소리를 들으며, 그 소리(욕망)마저도 잠재운 완벽한 정적, 무심의 세계를 꿈꾸고 있다. 자연과의 완전한 하나됨을 원한다. 그리되면 우리를 힘들게 하는 모든 것들이 의미를 내려놓게 되리라. '풀잎의 깊은 잠을 지나' '포개진 돌들이 서로를 견디는' '이끼 낀 침묵의 경계를 지나' 흔한 풍경 속에 감추어진 이런 비밀스러운 움직임과 의미를 읽는 시인은 자연의 깊은 안쪽을 들여다보는 시선을 가진 것이 아닐까.

이 세 편의 시 외에도 자연과 하나 되기의 경지를 꿈꾸는 여러 시편들이 눈에 띈다.

「산중신곡–나에게 들키다」는 시인의 내면에 살고 있는 나무의 죽음 속에 내 아픔이 살고 있고, 나무와 나의 아픔이 하나가 될 때 그것이 하나의 새로운 생명으로 부활하는 조용하면서도 놀라운 내적 체험을 시화한 작품이다. 「산중신곡–는개」는 산과 사람이 함께 육신을 비워가며 무의 세계를 꿈꾸는 내용이며, 「산중신곡–우화당의 한때」는 우화되어 날고 있는 나비를 바라보며 시인 또한 심리적인 우화를 체험하면서 나비와 하나가 되는 경지를 그리고 있다.

「산중신곡–산 속 작은마을」, 이 시는 자식들이 모두 떠나간 마을에서 빈 쭉정이처럼 버려진 채로 살아가는 노인들과, 새끼들에게 살을 다 먹히고 껍질만 남은 염낭거미, 그리고 그런 정경들을 보면서 텅 비어가는 시인의 마음, 이 세 정점이 만들어

내는 비유와 삼각구도를 묵시적으로 내포하고 있는 시다. 이런 시편들 역시 각기 다른 소재와 기법으로 자연과 하나 되기라는 주제에 다가서고 있다.

3. 구도求道에 대한 열망과 먼 별빛

시가 어떤 높은 경지를 추구한다면 도道와 무관할 수가 없다. 도를 구하기 위하여 시를 써야 하는 것도 아니고, 시가 꼭 도를 말해야 할 이유도 없다. 그러나 시가 사는 일과 존재하는 것의 구경究竟을 파고들다가 보면 자연히 도의 영역으로 접근하게 될 것이다. 도가 영원하고 일관되게 세계와 삶을 다스려 온 보이지 않는 어떤 손길, 어떤 높은 정신을 일컫는 한 이름일 수 있고, 시 또한 오랫동안 그것을 찾고 추구해 왔기 때문이다. 그래서 '이시득도以詩得道' 란 말도 생겼을 것이다. 오랜 시의 역사를 돌아보면 어떤 경전보다 더 사람 가까이에서 절실하고 감동적인 목소리로 도를 말하여 사람을 절망으로부터 보호하고 구원한 시들도 많다.

시의 높은 경지를 구하여 세상에 올곧고 놀랍고 새롭고 아름다운 시의 말을 들려주고 희망과 위안을 줄 수 있는 시를 찾아서 바치는 헌신과 노고의 길, 그것이 바로 시인이 가는 구도의 길이 아닐까 생각된다.

우화당 조그만 편액 아래

반석 깔고 자리한 수조 속에
결가부좌로 앉은 연꽃 한 송이
안거에 든 수도승의 모습이네

그 옆에 노랑어리연꽃 두어 송이
가는 목줄기 곧게 돋우어
향기의 경문을 읽고 있네

열지 않아도 저절로 열리는
향기로 드는 문 하나
여기 있네

―「산중신곡―입문入門」 전문

우화, 결가부좌, 연꽃, 수도승, 경문, 향기, 문 등은 모두 도교 불교 등의 종교와 관련이 있으면서 도와 연결되는 시어들이다. 특히 문이라는 말은 닫힘과 열림, 길의 트임을 의미하면서 도로 들어가는 입구임을 강하게 암시하고 있다.

이 시에서는 진리의 문을 열고 그 안으로 들어가고 싶은 시인 자신을 연꽃의 자리에 놓기도 하고, 한 걸음 더 나아가 구도에 정진하는 수도승으로 나타내기도 하고, 경문을 읽고 있는 노랑어리연꽃이 되기도 한다. 세 연을 모두 감탄형의 '네' 로 종결지어 세계에 편재하는 구도자의 모습을 발견하는 경이와, 그들과 내가 다르지 않다는 것을 깨닫는 감동과 신비를 한층 진하게 표현하고 있다. 이와 같은 종결법은 이 시집의 다른 시에도 두루 쓰이는 언어 기법이다. 이 시에는 내가 나의 관찰자가 되는 조용한 관조와, 정적 속에서의 시선의 흐름과 놀라움이 쉽고 간결하게 형상화되어 있다.

이삭들이 다 떠나간 빈 논바닥에
햇살이 고여 홍건한데
쓰름쓰름 조문도석사가의 쓰름쓰름
쓰르라미가 종일 쉬지 않고 우네

…중략…

콩깍지 익어 터지듯
이 살찐 햇살에
아! 나의 말문이, 소리가
타닥타닥 터지면 좋겠네

—「산중신곡—득음」 부분

'이삭들이 다 떠나간 빈 논바닥' 은 쓰르라미가 처한 한계상황이다. 이제 곧 찾아오게 될 저녁의 죽음이 쓰르라미의 앞에 놓여 있다. 그래서 그의 울음은 시적 화자에게 자탄 섞인 '조문도석사가의朝聞道夕死可矣' 로 들리는 것이다. 쓰르라미에게 인제 아침은 오지 않는다. 저녁만 남은 쓰르라미 소리를 듣는 순간 시적 화자에게는 그 울음의 의미가 환하게 들려온다. 귀가 열린 것이다. '아! 나도 너처럼 아침에 도를 듣지는 못했어도 이 가을 햇살에 말문이라도 터졌으면!' 이 말문이 시인이 구하는 높은 경지, 시적 우화인 동시에 득음인 것은 두말할 필요가 없다. 그것이 바로 시인이 구하는 도인 것도 분명하다.

한 마리 개구리가
곡비처럼 울기 시작하자
수십 마리의 개구리가 와그르르 따라서 우네
불볕 아래 쓰러져간 굴참나무 한 그루를 울고
호미날에 두 동강난 한 마리 지렁이를 울고
영문 모를 돌개바람에 날개 찢겨
흔적 없이 불려가버린 부전흰나비를 울고
산 속 마을 통째 삼켜버린
적막의 검은 미궁이 너무 깊고 무서워서 우네
깜깜한 가슴 한 아름 숯덩이를 안고
엎디어 참숯불처럼 붉게 우네

울음이 탈수록
불티처럼 반짝
별이 깨어나네

—「산중신곡—곡비哭婢」 전문

세상에는 언제나 슬픔이 만연해 왔다. 도처에 울음이 있어 끊일 날이 없었다. 그러나 모든 슬픔이 모든 울음의 동기가 되는 것은 아니다. 아무리 극진한 슬픔일지라도 당사자들에게만

울어야 하는 이유가 된다. 그런데 이 시에서는 그렇지가 않다. 세 죽음과 개구리의 울음 사이에는 필연적인 인과 관계가 없다. '옆집 초상이 내 아이 고뿔만 못하다' 는 속담에는 부정될 수 없는 진실이 있다. 당사자가 아닌 곡비의 울음은 형식적인 의식일 뿐 거기에 진정성이 있을 수가 없다.

그런데 시에 제시된 세 죽음과는 무관한 개구리들(곡비)의 울음에는 부정되지 않는 진정성이 있다. '깜깜한 가슴 한 아름 숯덩이를 안고/엎디어 참숯불처럼 붉게 우네' 와 같은 극적인 비유와 강렬한 표현을 빌려 개구리들의 울음은 단절을 넘어선 참 울음이 된다. 슬픔으로 다 타버린 가슴이 숯덩이가 되고 그 숯덩이가 또 슬픔으로 불이 붙어 참숯불 같은 붉은 울음이 되는 것이다. 그리하여 마침내는 곡비들의 슬픈 울음이 자신의 슬픔과 함께 죽은 타자까지도 높이 승화시켜 별을 깨어나게 한다. 이 부분에 담긴 메시지는 이런 것이 아닐까. '모든 슬픔과 그 슬픔에서 흘러나오는 울음은 그것과 무관해 보이는 모든 타자의 슬픔과 연결되어 있다.'

이 시인은 어둡고 막막한 슬픔의 한가운데에 들어가 본 사람만이 찾아낼 수 있는 존재의 근원적 비애를 알고 있는 것 같다. 무관한 듯 보이는 모든 슬픔이 실은 하나의 끈으로 연결되어 있고, 세상의 모든 울음은 단절된 듯한 모든 비애를 함께 울어준다는 깨달음, 이것이 이 시를 이루고 있는 시인의 마음이다. 여기에 자비와 구원의 도가 어찌 없겠는가.

적절하고 극적인 비유와 깊은 통찰, 자아를 초월한 큰 사랑이 잘 어울려서 도에 대한 시인의 절절한 소망 한 편을 잘 이루어 낸 것 같다. 아울러 세속의 눈물과 비애가 높이 승화될 때 사람의 마음속에 뜨는 밝은 별, 우리가 사는 세상에 이루어지는 원융무애의 세계 하나를 보여 주었다. 대자대비한 보살의 마음 안에 이 시도 분명 한 자리를 차지할 것이다.

> 흰 코끼리가 길을 간다. 지상의 가장 환한 길, 자기만의 길, 그림자마저 버리고 간다. 가벼워진 발이 자꾸 허방을 짚어 눈앞이 아득하다. 수천수만 업의 뼈마디 살풀이로 풀어내던 그 군중 속, 퉁퉁 불은 밥알의 환호 툭툭 털고 빠져 나와 마지막 뼈 묻을 자리 찾아간다. 색도 맛도 소리도 언어도 눈, 코, 귀, 이마를 모두 떠났으니 덩치 큰 몸이야 한낱 허깨비일 뿐이다.
>
> –「오래된 샘–코끼리 모양 백자 연적」 부분

코끼리의 체중은 그의 자랑이자 그의 굴레다. 그는 그 체중 덕으로 위엄 있고 성스러운 짐승으로 추앙 받기도 하지만, 그 체중으로 해서 땅거죽에 가장 무겁게 들이붙이 자유를 빼앗긴 수인이 되었다. 그 코끼리가 지금 그림자마저 버리고 오온육식五蘊六識을 다 여의고, 구름보다 더 가볍게 마지막 뼈 묻을 자리를 찾아간다. 시인은 그 길을 세상의 가치 있는 모든 것, 생명까지도 여읜 길, 가장 환한 구름밭 같은 길, 자기 혼자만이 가는 길이라고 의미를 매긴다.

그런데, 생전 처음 가벼워진 발이 허방을 짚어 눈앞이 아득하다. 발 밑 땅은 검고 온 세상이 어둡다. 코끼리는 말한다. '모두 버려라. 보현의 모든 것마저도, 마지막 가는 길 진혼의 노래

마저도 버려라. 영원에 닿는 마지막 시공을 찾아라. 속俗에 속한 삶은 무겁고 성聖의 세계는 멀어도 이 걸음을 멈출 수는 없느니…' 윤정숙 시인의 영원에 대한 절절한 갈망, 그리고 명상과 성찰이 읽혀지는 시편이다.

그 밖에 시인의 구도에 대한 열망을 엿볼 수 있는 시를 몇 편 더 찾아보면, 「산중신곡-는개」에서는 는개와 산의 나타남과 사라짐을 통하여 있음과 없음이 모두 소멸하는 자연현상을 그리면서, 있고 없음의 분별을 떠나 높고 먼 초월의 세계로 그 마음의 끝이 향하는 시인의 정신적 경지를 읽을 수 있다. 「오늘은 바람이 자네」, 이 시에서는 오늘은 바람이 자고 그래서 그림자들이 경계를 지켜 서로 엉키지 않고, 까치는 분수를 알아 그 분수에 따라 살고, 나비도 구름도 나무도 풀도 모두 제 본연으로 돌아간다. 시인은 이것을 한 생이 지나간 뒤의 적막에다 비유함으로써 바람 자는 날의 자연에서 도가 실현된 피안의 모습을 보고 있다.

「나무야 미안하다-수목장」에서는 시인의 자유로운 상상과 비유를 통하여, 내가 죽어 나무의 피가 되고 그 나무는 자라서 내 영혼의 시를 쓰고, 그 나무는 또 소신공양을 거쳐 나의 비목이 되는, 불가사의한 인연과 신비한 생명 순환의 큰길 하나를 보여주고 있다.

4. 삶의 발자국들에 고이는 빛과 그늘

살아가는 일의 애환은 우리 서정시의 중요한 소재이다. 시인과 독자가 가장 진하고 진솔하게 호응하고 또 넓게 공감할 수 있는 영역이기도 하다. 사랑과 이별, 추억과 그리움, 회한과 다짐, 애증과 은원…, 삶의 굽이굽이마다 우리를 붙들고 쓰러뜨리고 춤추게 하고 울게 했던 이런 사건과 거기 얽힌 정서들에서 누가 자유롭게 초월할 수 있을 것인가.

칠흑의 어둠 속
먼 불빛 하나 주춤주춤 걸어와
썩지도 마르지도 않는
오래된 그리움의 우물 속
어둠의 깊이로 박혀 별이 되네
…중략…
평생을 씨 뿌리며 사신 아버지, 당신의
세상 나이 그 사십의 중반에
목련 꽃잎 같은 사랑을 묻고
칠흑의 난간에 서서 분하게 우시던
아버지의 혼불 같은 저 먼 불빛
…중략…
오늘 같은 한밤을 기다렸다는 듯
내 속의 우물로 첨벙 뛰어들어
별빛으로 반짝 몸 바꾸네

―「먼, 불빛」 부분

좀처럼 건드리기가 쉽지 않아 보이는 시인의 오래전의 아픈 추억과, 아버지에 대한 애절한 그리움을 먼 별빛으로 간직해야 했던 생육사의 한 고비를, 아픔과 절제를 적절히 섞어 짜서 그려낸 시다. 체험과 그 시적 승화가 알맞게 조화를 이루어 비애가 진부하지 않고 표현의 절실함이 공허하지 않다. 어린 나이에 어머니를 여읜 슬픔은 아버지의 슬픔 뒤에 가려져 드러내지도 못한 채 세월과 함께 깊은 우물 속에 잠겼다.

아버지에 관한 멀고 그리운 추억이 그 우물 속으로 첨벙 뛰어들어 별빛으로 반짝 몸 바꾼다는 이 한순간의 감각적 부딪침의 포착과 그 구조는 그야말로 별빛처럼 기민하고 날카롭다. 금속성마저 울린다. 아버지, 어머니, 딸의 슬픈 이야기를 우물 속 별빛 하나에 모아내는 비유는 추억이 별이 된다는 이 흔한 비유의 진부함을 깨뜨려 새로운 감각으로 태어나게 했다.

몸이
꽉 눌린 용수철이
우네
한 줄기 자르고 나면 어느새
저만큼 뻗어가 뿌리내리는
아직은 젊은 네 꽃밭을
뻗어간 인동의 질긴 줄기
그 길고 어두운 터널 처연히
건너가고 있는 목숨 하나
정수리 납작 눌려 발등에 맞닿은

그 생명의 용수철 하나
암센터 주사실을 나오며
저 우주의 배꼽에 가 닿던
처음의 그 힘을 애써 기억해 내며
가장 조그맣게 오그린 몸이
막장에 갇힌 광부처럼
부르르 떨며
우네

—「산중신곡—인동 줄기를 걷어 내며」 전문

이 시는 최근 윤 시인이 젊은 나이에 암으로 투병하는 딸을 보는 어머니의 비통한 마음의 그 극점에 서서, 아무리 절제해도 어쩔 수 없이 솟아나는 눈물을 딸에 대한 연민과 기원으로 다스려 빚어낸 시로 보인다.

어머니는 병중의 젊은 딸을 '몸이 꽉 눌린 용수철'로 '한 줄기 지르고 나면 어느새/저만큼 뻗어가 뿌리내리는/아직은 젊은 네 꽃밭'으로 본다. '그 길고 어두운 터널 처연히/건너가고 있는 목숨 하나'가 아무리 '정수리 납작 눌려 발등에 맞닿은' 고통을 당할지라도 '저 우주의 배꼽에 가 닿던/처음의 그 힘'을 가진 생명의 용수철이니, 다시 솟구쳐 일어설 것임을 확신하고 기원한다.

그러면서도 지극한 고통에 우는 딸의 울음은 어떤 자제와 인내로도 견딜 수 없는 어머니의 슬픔이다. 딸의 울음은 어머니의 창자를 끊어 놓는다. 그래서 '운다'는 말이 두 번이나 독립

된 한 행을 이루고 있다. 할 수 있다면 열 번이라도 그 고통을 대신 지고 싶었을 것이다.

인동 줄기를 걷어내면 꽃밭은 다시 싱싱하게 무성해지고 꽃은 다시 필 것이다. 모질고 저주스러운 암세포를 꽃이 아름답고 약재로도 쓰이는 인동에다 비유하는 시인의 마음에서 애증을 넘어서는 불교적인 세계관과 모성애에 바탕을 둔 큰 관용을 보는 것 같아 시를 읽는 사람의 마음을 한결 편안하게 해 주고 있다. 악신도 잘 대접하면 선신으로 바뀐다는 우리 전통적인 어머니들의 믿음을 상기시키는 부분이기도 하다.

심해 속 유전의 짧은 불길같이
거친 입질로 휙
스치고 사라진…

그러나, 그 때 내 옆에는
뜰채가 없었다

살면서
항상
없었다.

—「낚시수첩–놓친 고기는 크다」 전문

세상이란 커다란 낚시터에서 놓친 고기에 얽힌 이야기는 도처에 많다. 이 시는 50자가 안 되는 짧은 분량으로 보편적이면서도 누구에게나 항상 절실한 이 상실의 아쉬움을 실감나게 그려내고 있다. '살면서/항상/없었다' 이렇게 또박또박 다지는 회한과 아쉬움, 운명에 대한 원망은 많은 독자들의 공감을 얻을 것이다.

이 시의 주제가 회한과 원망이라고 해도 독자들은 공감할 것이다. 그런데 이 시인은 그런 차원의 정서와 함께 놓치고 버리고 비우면서 살아온 자신의 삶이 가져다 준 가난한 행복감도 병치시키고 있는 것 같다. 뜰채가 없어 항상 놓치고만 살아온 자신의 삶에 대한 담담한 관조와 용서, 그리고 놓쳤기에 겸손하고 가난할 수밖에 없었던 마음을 오히려 다행스럽게 생각하는 역설이 숨겨져 있음이 감지되기 때문이다.

깊은 침묵으로 짠 천과 같이 정적의 결이 만져지는 윤 시인의 여러 시들 속에서 깊은 지혜와 명징한 성찰이 반짝이는 것을 본다. 이 시도 그런 시 가운데 한 편이다. 다른 여러 편의 시와 함께 이 시도 윤 시인이 살아온 길의 발자국을 압축하여 돌아보면서 눈 밝은 독자와 조용히 교감할 수 있는 내밀한 통로를 이중 삼중으로 열어놓고 있다.

5. 맺는 말

이번 시집에 실린 시들을 여러 번 읽으면서 느낀 것은 이전의 시집에 비하여 그 소재와 형식, 기법과 정신에 상당한 변화가 있었다는 점이다. 자연을 소재로 한 시가 압도적으로 많고 그 시들이 각각의 제 개성대로 자연과 인간과의 관계에서 구할 수 있는 그 어떤 진수에 근접해 가고 있었다. 시의 맛이 더 익었고 담고 있는 공감과 감동의 깊이도 깊어졌다고 보았다.

무엇보다 가장 크게 달라진 것은 윤정숙 시인이 자연에 아주 가까이 다가서서 자연을 사랑할 줄 알게 되었고, 자연과 동화되어 가고 있다는 것, 자연과 함께하면서 삶과 시에 어떤 우화를 이루어 가고 있다는 것이다. 물론 우화로 상징되는 시의 완성의 경지는 시인이 일생을 두고 추구해도 이르기 어려운 과제이므로 언제나 진행형일 수밖에 없는 도달점이다. 윤정숙 시인도 그런 과정을 가고 있는 한 시인이다. 그런데 이번 시집에 실린 시들이 보여주는 변화는 우화를 지향하는 그의 조용하면서도 끈질긴 열정과 꿈을 읽기에 충분하고, 이전의 시보다 분명 우화에 한 발 다가섰다는 느낌도 확실히 준다고 보았다.

나는 윤정숙 시인이 끝없이 자기 정신과 영혼에 쟁기질을 하여 비옥한 시의 땅을 가꾸고, 시의 종자를 개량하고, 시를 가꾸는 기법을 새롭게 하여 마침내는 큰 시의 우화를 이루어 낼 것을 믿으며 마음을 가다듬고 그날을 기다리고자 한다.

문학의전당 · 시인선 55
우화당 시편

초판인쇄 2008년 10월 15일
초판발행 2008년 10월 20일

지 은 이 윤정숙
펴 낸 이 김충규
펴 낸 곳 문학의전당
출판등록 제387-2003-00048호(2003년 9월 8일)

주 소 121-718 서울특별시 마포구 공덕2동 404번지 풍림VIP텔 202호
전화번호 02-852-1977
팩시밀리 02-852-1978
블 로 그 http://blog.naver.com/mhjd2003
전자우편 mhjd2003@naver.com

I S B N 978-89-91006-98-0 03810